This Book Belongs to:

_____

The Power of Appreciation

Copyright © 2014 FastForward Publishing All rights reserved.

Permission to reproduce or transmit in any form or by any means, electronic or mechanical, including photocopying and recording, or by any information storage or retrieval system, must be obtained in writing from FastForward Publishing .

FastForwardPublishing.com

ISBN-13: 978-1503164864
ISBN-10: 1503164861

What are you grateful for today?

Think about it.
Feel good about it.
Be thankful for it.
Write it down.

By using this personal gratitude journal to make note of your daily blessings, inspirational moments and insights, you will create the habit of focusing on the positive as you count your blessings while building a reference of the wonderful things in your life

> *"Once a day, stop whatever you are doing and notice 2 things that you are grateful for in your situation or circumstance and in your physical space. Make a habit of this and truly expand your heart to receiving more to be grateful for. There is more than enough reason to feel grateful always; acknowledge that and where possible, give thanks for it."* – Malti Bhojawani

It's simple:
1. Keep this book with you or store it next to a favorite place to sit, or even next to your bed
2. Write in the date
3. Everyday jot down 2 or more things that you're grateful for
4. Repeat daily

The process becomes easier over time, but until you have made this part of your routine here are some "prompts" that will help you get your daily practice of gratitude started. Once you have written down the date, think about a sincere feeling that starts with something like:

> I'm so grateful that …
> Today is great because …
> I'm blessed with …
> Thanks …
> I love …
> I'm thankful for …
> I appreciative of …
> What a wonderful surprise to discover …
> Thank you …

And write it down. Don't put it off. Start today. It doesn't have to be a Monday or the first day of the month. It doesn't even have to be every day (although if you can do it every day for about 30 days, it will become more of a positive habit than a forced task) and it only takes a few minutes.

And, when should you write in this journal? That's up to you. Some people keep it by their bed and start their day with an entry. Some people carry it with them and make notations when a thought strikes them. Some people keep it by a favorite place to sit and then write when they have a quiet moment. Some people start and end their day with an entry. The point is: the small details really don't matter; what matters is taking some time out of your day for gratitude.

> *"Every night before I go to sleep I say out loud three things that I am grateful for, all the significant, insignificant, extraordinary, ordinary stuff of my life. It is a small practice and humble, and yet, I find I sleep better holding what lightens and softens my life ever so briefly at the end of the day."* – Carrie Newcomer

And once you start taking some time to consider all you have to be grateful for and count your blessings, you will find that good things start to happen.

> "You simply will not be the same person two months from now after consciously giving thanks each day for the abundance that exists in your life." – Sarah Ban Brethnach

Interestingly, this is more than just a spiritual exercise, there is hard scientific evidence that, according to clinical psychologist Melanie Greenburg, Ph.D., practicing gratitude can activate "positive emotion centers in the brain" and, with regular practice "can change the way our brain neurons fire into more positive automatic patterns."

> "What I've learned is there's a scientifically proven phenomenon that's attached to gratitude, and that if you consciously take note of what is good in your life, quantifiable benefits happen." – Deborah Norville

Welcome to your Gratitude Journal ... the start of a simple exercise that, when consistently repeated, will have profound influence on all aspects of your life.

> "Gratitude shifts your focus from what your life lacks to the abundance that is already present. In addition, behavioral and psychological research has shown that giving thanks makes people happier and more resilient, it strengthens relationships, it improves health, and it reduces stress."
> – Marelisa Fábrega

Enjoy the process of and the results from adding the practice of gratitude to your life.

Day: _____ Date: _____ / _____ / _____

Today I am *Grateful* for _____

_____

_____

_____

_____

_____

_____

> "When we give cheerfully and accept gratefully,
> everyone is blessed." *Maya Angelou*

Day: _____ Date: _____ / _____ / _____

Today I am *Grateful* for _____

_____

_____

_____

_____

_____

_____

Day: _____   Date: _____ / _____ / _____

Today I am *Grateful* for _____

_____

_____

_____

_____

_____

_____

> "Enjoy the little things, for one day you may look back and realize they were the big things." *Robert Brault*

Day: _____   Date: _____ / _____ / _____

Today I am *Grateful* for _____

_____

_____

_____

_____

_____

_____

Day: _____   Date: _____ / _____ / _____

Today I am *Grateful* for _____

_____

_____

_____

_____

_____

_____

> "Gratitude, the ability to count your blessings, is the ultimate way to connect with the heart." *Baptist de Pape*

Day: _____   Date: _____ / _____ / _____

Today I am *Grateful* for _____

_____

_____

_____

_____

_____

_____

Day: _____ Date: _____ / _____ / _____

Today I am *Grateful* for _____

_____
_____
_____
_____
_____
_____

> "If the only prayer you said was thank you, that would be enough." *Meister Eckhart*

Day: _____ Date: _____ / _____ / _____

Today I am *Grateful* for _____

_____
_____
_____
_____
_____
_____

Day: _____ Date: _____ / _____ / _____

Today I am *Grateful* for _____

_____

_____

_____

_____

_____

_____

> "The height of our success is marked at
> the depth of our gratitude." *Terry Crouson*

Day: _____ Date: _____ / _____ / _____

Today I am *Grateful* for _____

_____

_____

_____

_____

_____

_____

Day: _____   Date: _____ / _____ / _____

Today I am *Grateful* for _____

_____

_____

_____

_____

_____

_____

> "When you are grateful, fear disappears and abundance appears." *Anthony Robbins*

Day: _____   Date: _____ / _____ / _____

Today I am *Grateful* for _____

_____

_____

_____

_____

_____

_____

Day: _____   Date: _____ / _____ / _____

Today I am *Grateful* for _____

_____

_____

_____

_____

_____

> "Each moment of gratitude awareness reveals the total beauty which surrounds you." *Bryant McGill*

Day: _____   Date: _____ / _____ / _____

Today I am *Grateful* for _____

_____

_____

_____

_____

_____

Day: _____ Date: ____ / ____ / ____

Today I am *Grateful* for _____

_____

_____

_____

_____

_____

> "The reason that so many fail to find happiness is that they fail to find gratitude." *Rasheed Ogunlaru*

Day: _____ Date: ____ / ____ / ____

Today I am *Grateful* for _____

_____

_____

_____

_____

_____

Day: _____ Date: ____ / ____ / ____

Today I am *Grateful* for _____

_____

_____

_____

_____

_____

"Gratitude is the heart's first language." *Joey Garcia*

Day: _____ Date: ____ / ____ / ____

Today I am *Grateful* for _____

_____

_____

_____

_____

_____

Day: _____ Date: ____ / ____ / ____

Today I am *Grateful* for _____

_____

_____

_____

_____

_____

_____

> "The deepest craving of human nature is
> the need to be appreciated." *William James*

Day: _____ Date: ____ / ____ / ____

Today I am *Grateful* for _____

_____

_____

_____

_____

_____

_____

Day: _____ Date: _____ / _____ / _____

Today I am *Grateful* for _____

_____

_____

_____

_____

_____

_____

> "Whatever you appreciate and give thanks for will increase in your life." *Sanaya Roman*

Day: _____ Date: _____ / _____ / _____

Today I am *Grateful* for _____

_____

_____

_____

_____

_____

_____

Day: _____   Date: ____ / ____ / ____

Today I am *Grateful* for _____

_____

_____

_____

_____

_____

_____

> "When I started counting my blessings,
> my whole life turned around." *Willie Nelson*

Day: _____   Date: ____ / ____ / ____

Today I am *Grateful* for _____

_____

_____

_____

_____

_____

_____

Day: _____   Date: _____ / _____ / _____

Today I am *Grateful* for _____

_____

_____

_____

_____

_____

_____

> "An attitude of gratitude brings great things."
> *Yogi Bhajan*

Day: _____   Date: _____ / _____ / _____

Today I am *Grateful* for _____

_____

_____

_____

_____

_____

_____

Day: _____   Date: _____ / _____ / _____

Today I am *Grateful* for _____

_____

_____

_____

_____

_____

> "Amazement + Gratitude + Openness + Appreciation = an irresistible field of energy" *Frederick Dodson*

Day: _____   Date: _____ / _____ / _____

Today I am *Grateful* for _____

_____

_____

_____

_____

_____

Day: _____ Date: _____ / _____ / _____

Today I am *Grateful* for _____

_____

_____

_____

_____

_____

_____

"Gratitude shouldn't be an occasional incident but a continuous attitude." *Anthony Nyuiemedy-Adiase*

Day: _____ Date: _____ / _____ / _____

Today I am *Grateful* for _____

_____

_____

_____

_____

_____

_____

Day: _____ Date: _____ / _____ / _____

Today I am *Grateful* for _____

_____

_____

_____

_____

_____

> "It is impossible to feel grateful and depressed in the same moment." *Naomi Williams*

Day: _____ Date: _____ / _____ / _____

Today I am *Grateful* for _____

_____

_____

_____

_____

_____

Day: _____ Date: _____ / _____ / _____

Today I am *Grateful* for _____

_____

_____

_____

_____

_____

_____

> "If you want to turn your life around, try thankfulness.
> It will change your life mightily." *Gerald Good*

Day: _____ Date: _____ / _____ / _____

Today I am *Grateful* for _____

_____

_____

_____

_____

_____

_____

Day: _____ Date: _____ / _____ / _____

Today I am *Grateful* for _____

_____

_____

_____

_____

_____

_____

> "Gratitude and attitude are not challenges; they are choices." *Robert Braathe*

Day: _____ Date: _____ / _____ / _____

Today I am *Grateful* for _____

_____

_____

_____

_____

_____

_____

Day: _____ Date: _____ / _____ / _____

Today I am *Grateful* for _____

_____

_____

_____

_____

_____

"Gratitude is when memory is stored in the heart
and not in the mind." *Lionel Hampton*

Day: _____ Date: _____ / _____ / _____

Today I am *Grateful* for _____

_____

_____

_____

_____

_____

Day: _____ Date: _____ / _____ / _____

Today I am *Grateful* for _____

_____

_____

_____

_____

_____

_____

> "Gratitude is the vitamin of the soul."
> *Angie Karan Krezos*

Day: _____ Date: _____ / _____ / _____

Today I am *Grateful* for _____

_____

_____

_____

_____

_____

_____

Day: _____   Date: ____ / ____ / ____

Today I am *Grateful* for _____

_____

_____

_____

_____

_____

_____

"If you count all your assets, you always show a profit."
Robert Quillen

Day: _____   Date: ____ / ____ / ____

Today I am *Grateful* for _____

_____

_____

_____

_____

_____

_____

Day: _____ Date: ____ / ____ / ____

Today I am *Grateful* for _____

_____

_____

_____

_____

_____

_____

> "The best way to be positive and happy is to be in gratitude all the time." *Vishwas Chavan*

Day: _____ Date: ____ / ____ / ____

Today I am *Grateful* for _____

_____

_____

_____

_____

_____

_____

Day: _____ Date: _____ / _____ / _____

Today I am *Grateful* for _____

_____

_____

_____

_____

_____

_____

"Gratitude is not only the greatest of virtues,
but the parent of all others." *Marcus Tullius Cicero*

Day: _____ Date: _____ / _____ / _____

Today I am *Grateful* for _____

_____

_____

_____

_____

_____

_____

Day: _____   Date: ____ / ____ / ____

Today I am *Grateful* for _____

_____
_____
_____
_____
_____
_____

> "God gave you a gift of 86,400 seconds today. Have you used one to say thank you?" *William Arthur Ward*

Day: _____   Date: ____ / ____ / ____

Today I am *Grateful* for _____

_____
_____
_____
_____
_____
_____

Day: _____ Date: _____ / _____ / _____

Today I am *Grateful* for _____

_____

_____

_____

_____

_____

_____

"Gratitude builds a bridge to abundance." *Roy Bennett*

Day: _____ Date: _____ / _____ / _____

Today I am *Grateful* for _____

_____

_____

_____

_____

_____

_____

Day: _____ Date: _____ / _____ / _____

Today I am *Grateful* for _____

_____

_____

_____

_____

_____

_____

> "This is a wonderful day. I've never seen this one before." *Maya Angelou*

Day: _____ Date: _____ / _____ / _____

Today I am *Grateful* for _____

_____

_____

_____

_____

_____

_____

Day: _____   Date: ____ / ____ / ____

Today I am *Grateful* for _____

_____

_____

_____

_____

_____

_____

> "When we give cheerfully and accept gratefully, everyone is blessed." *Maya Angelou*

Day: _____   Date: ____ / ____ / ____

Today I am *Grateful* for _____

_____

_____

_____

_____

_____

_____

Day: _____ Date: ____ / ____ / ____

Today I am *Grateful* for _____

_____

_____

_____

_____

_____

> "Enjoy the little things, for one day you may look back and realize they were the big things." *Robert Brault*

Day: _____ Date: ____ / ____ / ____

Today I am *Grateful* for _____

_____

_____

_____

_____

_____

Day: _____ Date: ____ / ____ / ____

Today I am *Grateful* for _____

_____

_____

_____

_____

_____

> "Gratitude, the ability to count your blessings, is the ultimate way to connect with the heart." *Baptist de Pape*

Day: _____ Date: ____ / ____ / ____

Today I am *Grateful* for _____

_____

_____

_____

_____

_____

Day: _____ Date: ____ / ____ / ____

Today I am *Grateful* for _____

_____

_____

_____

_____

_____

> "If the only prayer you said was thank you, that would be enough." *Meister Eckhart*

Day: _____ Date: ____ / ____ / ____

Today I am *Grateful* for _____

_____

_____

_____

_____

_____

Day: _____ Date: _____ / _____ / _____

Today I am *Grateful* for _____

_____

_____

_____

_____

_____

_____

> "The height of our success is marked at
> the depth of our gratitude." *Terry Crouson*

Day: _____ Date: _____ / _____ / _____

Today I am *Grateful* for _____

_____

_____

_____

_____

_____

_____

Day: _____ Date: ____ / ____ / ____

Today I am *Grateful* for _____

_____
_____
_____
_____
_____
_____

> "When you are grateful, fear disappears and abundance appears." *Anthony Robbins*

Day: _____ Date: ____ / ____ / ____

Today I am *Grateful* for _____

_____
_____
_____
_____
_____
_____

Day: _____ Date: _____ / _____ / _____

Today I am *Grateful* for _____

_____

_____

_____

_____

_____

_____

> "Each moment of gratitude awareness reveals the total beauty which surrounds you." *Bryant McGill*

Day: _____ Date: _____ / _____ / _____

Today I am *Grateful* for _____

_____

_____

_____

_____

_____

_____

Day: _____ Date: _____ / _____ / _____

Today I am *Grateful* for _____

_____

_____

_____

_____

_____

_____

> "The reason that so many fail to find happiness is that they fail to find gratitude." *Rasheed Ogunlaru*

Day: _____ Date: _____ / _____ / _____

Today I am *Grateful* for _____

_____

_____

_____

_____

_____

_____

Day: _____ Date: _____ / _____ / _____

Today I am *Grateful* for _____

_____

_____

_____

_____

_____

_____

"Gratitude is the heart's first language." Joey Garcia

Day: _____ Date: _____ / _____ / _____

Today I am *Grateful* for _____

_____

_____

_____

_____

_____

_____

Day: _____ Date: ____ / ____ / ____

Today I am *Grateful* for _____

_____

_____

_____

_____

_____

_____

> "The deepest craving of human nature is the need to be appreciated." *William James*

Day: _____ Date: ____ / ____ / ____

Today I am *Grateful* for _____

_____

_____

_____

_____

_____

_____

Day: _____ Date: _____ / _____ / _____

Today I am *Grateful* for _____

_____

_____

_____

_____

_____

_____

> "Whatever you appreciate and give thanks for will increase in your life." *Sanaya Roman*

Day: _____ Date: _____ / _____ / _____

Today I am *Grateful* for _____

_____

_____

_____

_____

_____

_____

Day: _____ Date: _____ / _____ / _____

Today I am *Grateful* for _____

_____

_____

_____

_____

_____

> "When I started counting my blessings,
> my whole life turned around." *Willie Nelson*

Day: _____ Date: _____ / _____ / _____

Today I am *Grateful* for _____

_____

_____

_____

_____

_____

Day: _____ Date: _____ / _____ / _____

Today I am *Grateful* for _____

_____

_____

_____

_____

_____

_____

"An attitude of gratitude brings great things."
Yogi Bhajan

Day: _____ Date: _____ / _____ / _____

Today I am *Grateful* for _____

_____

_____

_____

_____

_____

_____

Day: _____ Date: _____ / _____ / _____

Today I am *Grateful* for _____

_____

_____

_____

_____

_____

_____

> "Amazement + Gratitude + Openness + Appreciation = an irresistible field of energy" *Frederick Dodson*

Day: _____ Date: _____ / _____ / _____

Today I am *Grateful* for _____

_____

_____

_____

_____

_____

_____

Day: _____ Date: _____ / _____ / _____

Today I am *Grateful* for _____

_____

_____

_____

_____

_____

_____

> "Gratitude shouldn't be an occasional incident but a continuous attitude." *Anthony Nyuiemedy-Adiase*

Day: _____ Date: _____ / _____ / _____

Today I am *Grateful* for _____

_____

_____

_____

_____

_____

_____

Day: _____ Date: ____ / ____ / ____

Today I am *Grateful* for _____

_____
_____
_____
_____
_____
_____

> "It is impossible to feel grateful and depressed in the same moment." *Naomi Williams*

Day: _____ Date: ____ / ____ / ____

Today I am *Grateful* for _____

_____
_____
_____
_____
_____
_____

Day: _____   Date: _____ / _____ / _____

Today I am *Grateful* for _____

_____

_____

_____

_____

_____

_____

> "If you want to turn your life around, try thankfulness.
> It will change your life mightily." *Gerald Good*

Day: _____   Date: _____ / _____ / _____

Today I am *Grateful* for _____

_____

_____

_____

_____

_____

_____

Day: _____ Date: _____ / _____ / _____

Today I am *Grateful* for _____

_____

_____

_____

_____

_____

_____

> "Gratitude and attitude are not challenges;
> they are choices." *Robert Braathe*

Day: _____ Date: _____ / _____ / _____

Today I am *Grateful* for _____

_____

_____

_____

_____

_____

_____

Day: _____ Date: _____ / _____ / _____

Today I am *Grateful* for _____

_____

_____

_____

_____

_____

_____

> "Gratitude is when memory is stored in the heart
> and not in the mind." *Lionel Hampton*

Day: _____ Date: _____ / _____ / _____

Today I am *Grateful* for _____

_____

_____

_____

_____

_____

_____

Day: _____ Date: _____ / _____ / _____

Today I am *Grateful* for _____

_____

_____

_____

_____

_____

_____

> "Gratitude is the vitamin of the soul."
> *Angie Karan Krezos*

Day: _____ Date: _____ / _____ / _____

Today I am *Grateful* for _____

_____

_____

_____

_____

_____

_____

Day: _____   *Date:* ____ / ____ / ____

Today I am *Grateful* for _____

_____

_____

_____

_____

_____

_____

"If you count all your assets, you always show a profit."
Robert Quillen

Day: _____   *Date:* ____ / ____ / ____

Today I am *Grateful* for _____

_____

_____

_____

_____

_____

_____

Day: _____ Date: _____ / _____ / _____

Today I am *Grateful* for _____

_____

_____

_____

_____

_____

> "The best way to be positive and happy is
> to be in gratitude all the time." *Vishwas Chavan*

Day: _____ Date: _____ / _____ / _____

Today I am *Grateful* for _____

_____

_____

_____

_____

_____

Day: _____ Date: ____ / ____ / ____

Today I am *Grateful* for _____

_____

_____

_____

_____

_____

_____

> "Gratitude is not only the greatest of virtues,
> but the parent of all others." *Marcus Tullius Cicero*

Day: _____ Date: ____ / ____ / ____

Today I am *Grateful* for _____

_____

_____

_____

_____

_____

_____

Day: _____ Date: _____ / _____ / _____

Today I am *Grateful* for _____

_____

_____

_____

_____

_____

_____

> "God gave you a gift of 86,400 seconds today. Have you used one to say thank you?" *William Arthur Ward*

Day: _____ Date: _____ / _____ / _____

Today I am *Grateful* for _____

_____

_____

_____

_____

_____

_____

Day: _____ Date: _____ / _____ / _____

Today I am *Grateful* for _____

_____

_____

_____

_____

_____

_____

"Gratitude builds a bridge to abundance." *Roy Bennett*

Day: _____ Date: _____ / _____ / _____

Today I am *Grateful* for _____

_____

_____

_____

_____

_____

_____

Day: _____   Date: _____ / _____ / _____

Today I am *Grateful* for _____

_____

_____

_____

_____

_____

> "This is a wonderful day. I've never seen this one before." *Maya Angelou*

Day: _____   Date: _____ / _____ / _____

Today I am *Grateful* for _____

_____

_____

_____

_____

_____

_____

Day: _____   Date: _____ / _____ / _____

Today I am *Grateful* for _____

_____

_____

_____

_____

_____

_____

> "When we give cheerfully and accept gratefully,
> everyone is blessed." *Maya Angelou*

Day: _____   Date: _____ / _____ / _____

Today I am *Grateful* for _____

_____

_____

_____

_____

_____

_____

Day: _____ Date: _____ / _____ / _____

Today I am *Grateful* for _____

_____

_____

_____

_____

_____

_____

> "Enjoy the little things, for one day you may look back and realize they were the big things." *Robert Brault*

Day: _____ Date: _____ / _____ / _____

Today I am *Grateful* for _____

_____

_____

_____

_____

_____

_____

Day: _____ Date: _____ / _____ / _____

Today I am *Grateful* for _____

_____

_____

_____

_____

_____

_____

> "Gratitude, the ability to count your blessings, is the ultimate way to connect with the heart." *Baptist de Pape*

Day: _____ Date: _____ / _____ / _____

Today I am *Grateful* for _____

_____

_____

_____

_____

_____

_____

Day: _____   Date: ____ / ____ / ____

Today I am *Grateful* for _____

_____

_____

_____

_____

_____

_____

> "If the only prayer you said was thank you,
> that would be enough." *Meister Eckhart*

Day: _____   Date: ____ / ____ / ____

Today I am *Grateful* for _____

_____

_____

_____

_____

_____

_____

Day: _____ Date: ____ / ____ / ____

Today I am *Grateful* for _____

_____

_____

_____

_____

_____

_____

> "The height of our success is marked at the depth of our gratitude." *Terry Crouson*

Day: _____ Date: ____ / ____ / ____

Today I am *Grateful* for _____

_____

_____

_____

_____

_____

_____

Day: _____   Date: ____ / ____ / ____

Today I am *Grateful* for _____

_____

_____

_____

_____

_____

> "When you are grateful, fear disappears and abundance appears." *Anthony Robbins*

Day: _____   Date: ____ / ____ / ____

Today I am *Grateful* for _____

_____

_____

_____

_____

_____

Day: _____   Date: _____ / _____ / _____

Today I am *Grateful* for _____

_____

_____

_____

_____

_____

_____

> "Each moment of gratitude awareness reveals the total beauty which surrounds you." *Bryant McGill*

Day: _____   Date: _____ / _____ / _____

Today I am *Grateful* for _____

_____

_____

_____

_____

_____

_____

Day: _____ Date: _____ / _____ / _____

Today I am *Grateful* for _____

_____
_____
_____
_____
_____
_____

> "The reason that so many fail to find happiness is that they fail to find gratitude." *Rasheed Ogunlaru*

Day: _____ Date: _____ / _____ / _____

Today I am *Grateful* for _____

_____
_____
_____
_____
_____
_____

Day: _____ Date: _____ / _____ / _____

Today I am *Grateful* for _____

_____

_____

_____

_____

_____

_____

"Gratitude is the heart's first language." *Joey Garcia*

Day: _____ Date: _____ / _____ / _____

Today I am *Grateful* for _____

_____

_____

_____

_____

_____

_____

Day: _____ Date: _____ / _____ / _____

Today I am *Grateful* for _____

_____

_____

_____

_____

_____

_____

> "The deepest craving of human nature is the need to be appreciated." *William James*

Day: _____ Date: _____ / _____ / _____

Today I am *Grateful* for _____

_____

_____

_____

_____

_____

_____

Day: _____   Date: ____ / ____ / ____

Today I am *Grateful* for _____

_____

_____

_____

_____

_____

_____

> "Whatever you appreciate and give thanks for will increase in your life." *Sanaya Roman*

Day: _____   Date: ____ / ____ / ____

Today I am *Grateful* for _____

_____

_____

_____

_____

_____

_____

Day: _____ Date: _____ / _____ / _____

Today I am *Grateful* for _____

_____

_____

_____

_____

_____

_____

> "When I started counting my blessings, my whole life turned around." *Willie Nelson*

Day: _____ Date: _____ / _____ / _____

Today I am *Grateful* for _____

_____

_____

_____

_____

_____

_____

Day: _____   Date: _____ / _____ / _____

Today I am *Grateful* for _____

_____

_____

_____

_____

_____

_____

> "An attitude of gratitude brings great things."
> *Yogi Bhajan*

Day: _____   Date: _____ / _____ / _____

Today I am *Grateful* for _____

_____

_____

_____

_____

_____

_____

Day: _____ Date: ____ / ____ / ____

Today I am *Grateful* for _____

_____

_____

_____

_____

_____

_____

> "Amazement + Gratitude + Openness + Appreciation = an irresistible field of energy" *Frederick Dodson*

Day: _____ Date: ____ / ____ / ____

Today I am *Grateful* for _____

_____

_____

_____

_____

_____

_____

Day: _____ Date: _____ / _____ / _____

Today I am *Grateful* for _____

_____

_____

_____

_____

_____

_____

> "Gratitude shouldn't be an occasional incident but a continuous attitude." *Anthony Nyuiemedy-Adiase*

Day: _____ Date: _____ / _____ / _____

Today I am *Grateful* for _____

_____

_____

_____

_____

_____

_____

Day: _____ Date: _____ / _____ / _____

Today I am *Grateful* for _____

_____

_____

_____

_____

_____

_____

> "It is impossible to feel grateful and depressed in the same moment." *Naomi Williams*

Day: _____ Date: _____ / _____ / _____

Today I am *Grateful* for _____

_____

_____

_____

_____

_____

_____

Day: _____ Date: ____ / ____ / ____

Today I am *Grateful* for _____

_____

_____

_____

_____

_____

_____

"If you want to turn your life around, try thankfulness.
It will change your life mightily." *Gerald Good*

Day: _____ Date: ____ / ____ / ____

Today I am *Grateful* for _____

_____

_____

_____

_____

_____

_____

Day: _____ Date: _____ / _____ / _____

Today I am *Grateful* for _____

_____

_____

_____

_____

_____

_____

> "Gratitude and attitude are not challenges; they are choices." *Robert Braathe*

Day: _____ Date: _____ / _____ / _____

Today I am *Grateful* for _____

_____

_____

_____

_____

_____

_____

Day: _____   Date: _____ / _____ / _____

Today I am *Grateful* for _____

_____

_____

_____

_____

_____

_____

> "Gratitude is when memory is stored in the heart and not in the mind." *Lionel Hampton*

Day: _____   Date: _____ / _____ / _____

Today I am *Grateful* for _____

_____

_____

_____

_____

_____

_____

Day: _____ Date: _____ / _____ / _____

Today I am *Grateful* for _____

_____

_____

_____

_____

_____

> "Gratitude is the vitamin of the soul."
> *Angie Karan Krezos*

Day: _____ Date: _____ / _____ / _____

Today I am *Grateful* for _____

_____

_____

_____

_____

_____

Day: _____ Date: _____ / _____ / _____

Today I am *Grateful* for _____

_____

_____

_____

_____

_____

_____

"If you count all your assets, you always show a profit."
Robert Quillen

Day: _____ Date: _____ / _____ / _____

Today I am *Grateful* for _____

_____

_____

_____

_____

_____

_____

Day: _____ Date: _____ / _____ / _____

Today I am *Grateful* for _____

_____

_____

_____

_____

_____

_____

> "The best way to be positive and happy is to be in gratitude all the time." *Vishwas Chavan*

Day: _____ Date: _____ / _____ / _____

Today I am *Grateful* for _____

_____

_____

_____

_____

_____

_____

Day: _____ Date: ____ / ____ / ____

Today I am *Grateful* for _____

_____

_____

_____

_____

_____

> "Gratitude is not only the greatest of virtues,
> but the parent of all others." *Marcus Tullius Cicero*

Day: _____ Date: ____ / ____ / ____

Today I am *Grateful* for _____

_____

_____

_____

_____

_____

Day: _____ Date: ____ / ____ / ____

Today I am *Grateful* for _____

_____

_____

_____

_____

_____

_____

> "God gave you a gift of 86,400 seconds today. Have you used one to say thank you?" *William Arthur Ward*

Day: _____ Date: ____ / ____ / ____

Today I am *Grateful* for _____

_____

_____

_____

_____

_____

_____

Day: _____ Date: _____ / _____ / _____

Today I am *Grateful* for _____

_____

_____

_____

_____

_____

"Gratitude builds a bridge to abundance." *Roy Bennett*

Day: _____ Date: _____ / _____ / _____

Today I am *Grateful* for _____

_____

_____

_____

_____

_____

Day: _____ Date: _____ / _____ / _____

Today I am *Grateful* for _____

_____

_____

_____

_____

_____

_____

> "This is a wonderful day. I've never seen this one before." *Maya Angelou*

Day: _____ Date: _____ / _____ / _____

Today I am *Grateful* for _____

_____

_____

_____

_____

_____

_____

Day: _____ Date: _____ / _____ / _____

Today I am *Grateful* for _____

_____

_____

_____

_____

_____

_____

> "Enjoy the little things, for one day you may look back and realize they were the big things." *Robert Brault*

Day: _____ Date: _____ / _____ / _____

Today I am *Grateful* for _____

_____

_____

_____

_____

_____

_____

Day: _____ Date: _____ / _____ / _____

Today I am *Grateful* for _____

_____

_____

_____

_____

_____

> "Gratitude, the ability to count your blessings, is the ultimate way to connect with the heart." *Baptist de Pape*

Day: _____ Date: _____ / _____ / _____

Today I am *Grateful* for _____

_____

_____

_____

_____

_____

Day: _____ Date: _____ / _____ / _____

Today I am *Grateful* for _____

_____

_____

_____

_____

_____

> "If the only prayer you said was thank you,
> that would be enough." *Meister Eckhart*

Day: _____ Date: _____ / _____ / _____

Today I am *Grateful* for _____

_____

_____

_____

_____

_____

Day: _____ Date: ____ / ____ / ____

Today I am *Grateful* for _____

_____

_____

_____

_____

_____

> "The height of our success is marked at
> the depth of our gratitude." *Terry Crouson*

Day: _____ Date: ____ / ____ / ____

Today I am *Grateful* for _____

_____

_____

_____

_____

_____

Day: _____ Date: ____ / ____ / ____

Today I am *Grateful* for _____

_____

_____

_____

_____

_____

> "When you are grateful, fear disappears and abundance appears." *Anthony Robbins*

Day: _____ Date: ____ / ____ / ____

Today I am *Grateful* for _____

_____

_____

_____

_____

_____

_____

Day: _____ Date: _____ / _____ / _____

Today I am *Grateful* for _____

_____
_____
_____
_____
_____
_____

> "Each moment of gratitude awareness reveals the total beauty which surrounds you." *Bryant McGill*

Day: _____ Date: _____ / _____ / _____

Today I am *Grateful* for _____

_____
_____
_____
_____
_____
_____

Day: _____   Date: _____ / _____ / _____

Today I am *Grateful* for _____

_____

_____

_____

_____

_____

_____

> "The reason that so many fail to find happiness is that they fail to find gratitude." *Rasheed Ogunlaru*

Day: _____   Date: _____ / _____ / _____

Today I am *Grateful* for _____

_____

_____

_____

_____

_____

_____

Day: _____ Date: ____ / ____ / ____

Today I am *Grateful* for _____

_____

_____

_____

_____

_____

_____

> "Gratitude is the heart's first language." *Joey Garcia*

Day: _____ Date: ____ / ____ / ____

Today I am *Grateful* for _____

_____

_____

_____

_____

_____

_____

Day: _____ Date: ____ / ____ / ____

Today I am *Grateful* for _____

_____
_____
_____
_____
_____
_____

> "The deepest craving of human nature is
> the need to be appreciated." *William James*

Day: _____ Date: ____ / ____ / ____

Today I am *Grateful* for _____

_____
_____
_____
_____
_____
_____

Day: _____ Date: ____ / ____ / ____

Today I am *Grateful* for _____

_____

_____

_____

_____

_____

> "Whatever you appreciate and give thanks for will increase in your life." *Sanaya Roman*

Day: _____ Date: ____ / ____ / ____

Today I am *Grateful* for _____

_____

_____

_____

_____

_____

Day: _____ Date: ____ / ____ / ____

Today I am *Grateful* for _____

_____

_____

_____

_____

_____

"When I started counting my blessings,
my whole life turned around." *Willie Nelson*

Day: _____ Date: ____ / ____ / ____

Today I am *Grateful* for _____

_____

_____

_____

_____

_____

Day: _____ Date: ____ / ____ / ____

Today I am *Grateful* for _____

_____
_____
_____
_____
_____
_____

> "An attitude of gratitude brings great things."
> *Yogi Bhajan*

Day: _____ Date: ____ / ____ / ____

Today I am *Grateful* for _____

_____
_____
_____
_____
_____
_____

Day: _____ Date: ____ / ____ / ____

Today I am *Grateful* for _____

_____
_____
_____
_____
_____
_____

> "Amazement + Gratitude + Openness + Appreciation = an irresistible field of energy" *Frederick Dodson*

Day: _____ Date: ____ / ____ / ____

Today I am *Grateful* for _____

_____
_____
_____
_____
_____
_____

Day: _____ Date: ____ / ____ / ____

Today I am *Grateful* for _____

_____

_____

_____

_____

_____

> "Gratitude shouldn't be an occasional incident but a continuous attitude." *Anthony Nyuiemedy-Adiase*

Day: _____ Date: ____ / ____ / ____

Today I am *Grateful* for _____

_____

_____

_____

_____

_____

Day: _____   Date: _____ / _____ / _____

Today I am *Grateful* for _____

_____

_____

_____

_____

_____

> "It is impossible to feel grateful and depressed in the same moment." *Naomi Williams*

Day: _____   Date: _____ / _____ / _____

Today I am *Grateful* for _____

_____

_____

_____

_____

_____

Day: _____ Date: ____ / ____ / ____

Today I am *Grateful* for _____

_____

_____

_____

_____

_____

> "If you want to turn your life around, try thankfulness.
> It will change your life mightily." *Gerald Good*

Day: _____ Date: ____ / ____ / ____

Today I am *Grateful* for _____

_____

_____

_____

_____

_____

Day: _____ Date: ____ / ____ / ____

Today I am *Grateful* for _____

_____

_____

_____

_____

_____

"Gratitude and attitude are not challenges;
they are choices." *Robert Braathe*

Day: _____ Date: ____ / ____ / ____

Today I am *Grateful* for _____

_____

_____

_____

_____

_____

Day: _____ Date: ____ / ____ / ____

Today I am *Grateful* for _____

_____
_____
_____
_____
_____

> "Gratitude is when memory is stored in the heart and not in the mind." *Lionel Hampton*

Day: _____ Date: ____ / ____ / ____

Today I am *Grateful* for _____

_____
_____
_____
_____
_____

Day: _____ Date: _____ / _____ / _____

Today I am *Grateful* for _____

_____

_____

_____

_____

_____

_____

> "Gratitude is the vitamin of the soul."
> *Angie Karan Krezos*

Day: _____ Date: _____ / _____ / _____

Today I am *Grateful* for _____

_____

_____

_____

_____

_____

_____

Day: _____   Date: ____ / ____ / ____

Today I am *Grateful* for _____

_____

_____

_____

_____

_____

> "If you count all your assets, you always show a profit."
> *Robert Quillen*

Day: _____   Date: ____ / ____ / ____

Today I am *Grateful* for _____

_____

_____

_____

_____

_____

Day: _____ Date: _____ / _____ / _____

Today I am *Grateful* for _____

_____

_____

_____

_____

_____

_____

> "The best way to be positive and happy is
> to be in gratitude all the time." *Vishwas Chavan*

Day: _____ Date: _____ / _____ / _____

Today I am *Grateful* for _____

_____

_____

_____

_____

_____

_____

Day: _____ Date: ____ / ____ / ____

Today I am *Grateful* for _____

_____

_____

_____

_____

_____

_____

> "Gratitude is not only the greatest of virtues, but the parent of all others." *Marcus Tullius Cicero*

Day: _____ Date: ____ / ____ / ____

Today I am *Grateful* for _____

_____

_____

_____

_____

_____

_____

Day: _____ Date: _____ / _____ / _____

Today I am *Grateful* for _____

_____

_____

_____

_____

_____

> "God gave you a gift of 86,400 seconds today. Have you used one to say thank you?" *William Arthur Ward*

Day: _____ Date: _____ / _____ / _____

Today I am *Grateful* for _____

_____

_____

_____

_____

_____

Day: _____ Date: _____ / _____ / _____

Today I am *Grateful* for _____

_____

_____

_____

_____

_____

> "Gratitude builds a bridge to abundance." *Roy Bennett*

Day: _____ Date: _____ / _____ / _____

Today I am *Grateful* for _____

_____

_____

_____

_____

_____

Day: _____ Date: ____ / ____ / ____

Today I am *Grateful* for _____

_____

_____

_____

_____

_____

_____

> "This is a wonderful day. I've never seen this one before." *Maya Angelou*

Day: _____ Date: ____ / ____ / ____

Today I am *Grateful* for _____

_____

_____

_____

_____

_____

_____

Day: _____ Date: ____ / ____ / ____

Today I am *Grateful* for _____

_____

_____

_____

_____

_____

_____

> "The height of our success is marked at the depth of our gratitude." *Terry Crouson*

Day: _____ Date: ____ / ____ / ____

Today I am *Grateful* for _____

_____

_____

_____

_____

_____

_____

Day: _____ Date: ____ / ____ / ____

Today I am *Grateful* for _____

_____

_____

_____

_____

_____

> "When you are grateful, fear disappears and abundance appears." *Anthony Robbins*

Day: _____ Date: ____ / ____ / ____

Today I am *Grateful* for _____

_____

_____

_____

_____

_____

Achieve greater levels of success with one or both of these personal growth manuals from the *Think · Act · Succeed* series available from amazon.com and other retailers:

Do you need another Gratitude Journal? Want to give one as a gift? Please consider one of our options available at amazon.com and other retailers:

"An Attitude of Gratitude". "Practice Gratitude", "The Gratitude Journal", "The Power of Appreciation", "Gratitude Diary" & more

Printed in Great Britain
by Amazon